작은 소리 큰 울림

리창근 시조집

작은 소리 큰 울림

한강

서시

신기루

잡힐 듯 잡히지 않는 인생사 돌아보면
언제나 아득히 멀고도 먼 나라
지혜의 삶이었다면 가까운 이웃일 걸

한동안 살다 보면 어느새 가버린 세월
젊음도 청춘도 모두가 잠시 잠깐
젊음이 부럽다 느낄 땐 인생의 그 종착역

잡고 보면 놓는 인연 미련 두어 무엇 하나
언제든지 바람처럼 스치고 갈 운명인데
잡을 듯 잡을 수 없는 아지랑이 같은 인생

인생은 구름 같고 바람과 같은 것
강물이 흐르듯 자연스레 가다 보니
도착지 넓은 바다가 눈앞에 와 있어

오늘도 뜬구름 되어 지구 바퀴 한 바퀴
오는 인연 가는 인연 부딪히며 살다 보면
내 고향 하늘나라도 눈앞에 와 있으리라

2024년 11월
리창근

리창근 시조집 작은 소리 큰 울림

□ 서시

제1부 지혜의 말씀

바닥치기 —— 15
승부 —— 16
인생 신호등 —— 17
신념 —— 18
기본자세 —— 19
느림보 미학 —— 20
고난의 삶 —— 21
생각하며 사는 삶 —— 22
세파 —— 23
베풂 —— 24
이상향 —— 25
사소한 일 —— 26
차이 극복 —— 27
관점 —— 28
차선책 —— 29
신 세상 —— 30
비교 —— 31
화두 —— 32
행운 실현 —— 33
발상 전환 —— 34

작은 소리 큰 울림　　　　　　　　　　　리창근 시조집

35 —— 욥처럼
36 —— 행복인
37 —— 어리석음
38 —— 천국 시민
39 —— 행복
40 —— 한가위
41 —— 개 같은 부모
42 —— 젊음
43 —— 긍정의 힘
44 —— 주체적 삶

제2부 인간사 만사

47 —— 나라 걱정
48 —— 개들 세상
49 —— 악인들
50 —— 집적대기
51 —— 멸국의 징조
52 —— 거짓말
53 —— 전쟁터
54 —— 법치주의
55 —— 화산과 휴식
56 —— 민적당의 행태들
57 —— 간첩 행위

리창근 시조집 작은 소리 큰 울림

조작질 —— 58
대한 해병 —— 59
정치인 나쁜 생각 —— 60
민주공화국 —— 61
정부의 임무 —— 62
5·18 가짜 —— 63
4·3 사건 —— 64
세월 타령 —— 65
불감증 —— 66

제3부 인생은 하루살이

도둑놈 세상 —— 69
부정 선거 —— 70
말로만 —— 71
정신병자 —— 72
넝마 주의 —— 73
범죄자 세상 —— 74
국개의원 —— 75
불가마 —— 76
국민 핑계 —— 77
배반 —— 78
모리배 —— 79
주권자 —— 80

작은 소리 큰 울림 리창근 시조집

81 ──── 공포의 정치판
82 ──── 세상에 참
83 ──── 인좀들의 번성
84 ──── 의자들
85 ──── 외도
86 ──── 직사포 한 방
87 ──── 슬피 우는 두견새
88 ──── 생각

제4부 사랑의 선물

91 ──── 아기
92 ──── 사모
93 ──── 아버지 그 이틈
94 ──── 존재의 인식
95 ──── 가좌산 연리목
96 ──── 늙어감
97 ──── 살다 보면
98 ──── 기회
99 ──── 기다림
100 ──── 옹이
101 ──── 평범함의 소중함
102 ──── 경청하기
103 ──── 욕심

리창근 시조집 작은 소리 큰 울림

겸손 —— 104
유혹 —— 105
개가 된 부모 —— 106
멀고도 먼 길 —— 107
자연 속 이치 —— 108
허망함 —— 109
주행길 —— 110

제5부 여인의 꽃밭

늪 —— 113
밀림 —— 114
신천지 —— 115
골짜기 —— 116
삼각지 —— 117
탐심의 샘 —— 118
온천수 —— 119
광한루 —— 120
소갈증 —— 121
굴렁쇠 —— 122
성지 —— 123
맨발 걷기 —— 124
연못 —— 125
신선지 전복 —— 126

작은 소리 큰 울림　　　　　　　　　　리창근 시조집

127 ─── 가뭄

제6부 남자의 정원

131 ─── 책임감
132 ─── 기둥
133 ─── 일상
134 ─── 하늘바라기
135 ─── 분화구
136 ─── 대포
137 ─── 포문
138 ─── 수영
139 ─── 문어 머리
140 ─── 묵상
141 ─── 표정
142 ─── 용마루
143 ─── 공이
144 ─── 천상의 꿈
145 ─── 발포 명령
146 ─── 남녀 선호도 1위

지혜의 말씀

제1부

바닥치기

인생의 바닥치기는
바닥을 다지는 것

내려갈 일은 없는
오를 일만 남은 것

인생은
새옹지마니
희망 세워 사는 삶

승부

승부는 언제나
마지막에 결정 나

어려서 뛰어나도
처세를 잘못하면

인생길
도중하차는
비일비재 있는 일

인생 신호등

낙관주의자
꿈속에 살고
비관주의자
원망 속에 산다

낙관의 푸른 신호등
비관의 붉은 신호등

마음의
눈이 열려야
보이는 인생 신호

신념

자신이 되고픈
모델을 생각하며

언제나 어니스트는
진실하고 겸손했다

세월이
흐르고 흘러
큰 바위 얼굴 닮은 사람

기본자세

자신을 다지고
기본을 확립함은

마음의 준비로
의지를 다지는 것

확고한
믿음이 서면
갈 수 있는 더 큰 세상

느림보 미학

급하다고 바늘허리
매어 쓸 수 있는가

급하게 먹은 음식
체한 때도 참 많아

찬찬히
느림의 미학을
음미하며 살아보자

고난의 삶

고난은 사람을
강인하게 만들어

날마다 행복하면
행복인 줄 알 수 없지

괴롭고 힘든 일 속에
만족하는 즐거움

생각하며 사는 삶

생각 없이 살게 되면
쫓기는
짐승 같아

자신의 생각 맞춰
주체적인
삶을 살아

그래야
짧은 인생에
풍파라도 이겨 내지

세파

봄바람 여름비는
만물을 자라게 하고

가을 서리 겨울 눈은
만물을 성숙시켜

파도가
없는 바다는
뱃사람을 못 키워내

베풂

얼마나 남에게
많이 주고 살았는가

인생의 가치와 무게는
베풂의 정도 차이

가진 것
나누어 주며
함께 사는 아름다움

이상향

나이가 들면서
원숙해져 가는 인생

장밋빛 붉은 입술
활력은 떨어져도

향그런
꽃향기 같은
이상 품고 사는 거지

사소한 일

작은 일을 무시하면
큰 일이 생긴다

사소하고 작은 일도
정성을 다해야지

조그만
구멍 하나가
큰 둑을 무너뜨려

차이 극복

역지사지
그 정신은
상호 존중이 바탕이지

다름을
인정하는
세상살이가 꼭 필요해

대화나
일상생활에서
아니면
토론을 통해

관점

부처님
눈에는
부처님만 보이고

돼지의
눈에는
돼지만 보인단 말은

사람의
마음가짐에 따라
달라지는 실상 모습

차선책

인생은
피할 수 없는
선택의 드라마

지고지순
최고의 선택
존재하지 않아도

긴 호흡
일희일비를
차선책으로 극복할 일

신 세상

고통과
절망은
암적인 존재지만

시련에 빠지고
어둠에 휩싸여도

희망의
빛이 비치면
새 세상이 열린다

비교

인생을 살면서
비교는
하지 말자

비교를 하는 순간
오류에
빠져들어

결국은
허우적대다
죽음의 소용돌이 속

화두

돈이 많고 돈이 적음이
행복의 잣대일까

지위의 고하가
행복의 척도일까

권력을
손에 쥔 이가
행복의 화신일까

행운 실현

하늘은
스스로
돕는 자를
돕는다

행운은
일곱 빛깔
나비 같다 했던가

사람이
제 아니 오르고
산만 높다 한다면

발상 전환

긍정은
희망을
희망은
좋은 결과를

부정은
절망을
절망은
나쁜 결과를

발상의
전환을 통해
뜻한 바를 성취해

욥처럼

좋은 일도
나쁜 일도
하느님이 주신 선물

좋다고
반기고
나쁘다고
배척하면

어떻게
주님의 자녀가
될 수 있단 말인가

행복인

가진 것을
나누고
베푸는 사람은

행복이
무엇인지
잘 알고 있는 사람

궂은일
불행한 일을 보면
외면하지 않는 사람

어리석음

한 치 앞도
잘못 보는
어리석은 사람들은

보이는 일에
정신이 팔려
허둥대며 살아가다

캄캄한
바다에 빠진
표류하는 선박 같아

천국 시민

희망 속에
기뻐하고
환난 중에
인내하며

기도에
전념하는
참다운
신앙인이

험난한
세상을 건너
천국에 갈 수 있어

행복

물질적
풍요만이
행복은 아니지

큰 부자는
자녀가 없고
상속자만 있을 뿐

감사한
일상적 삶이
행복의 바른 길

한가위

여름이
추석을 당겨
하석이 되었다

기온이
체온을 육박해
열대야는 지속되고

역사에
없던 고온에
나라도 숨이 가빠

개 같은 부모

세상이 많이 변해
개 팔자가 상팔자

개 병원
개 호텔
개 캠핑장
개 장례식장

개 같은
부모가 돼야
대우를 제대로 받지

젊음

젊음은
그 자체로
눈부시게 아름다워

미래를 염려하여
현재를 놓치지 마라

인생은
두 번이 없다
순간을 누리며 살아야

긍정의 힘

확신에
찬 생각은
성공을 가져온다

잘될 수 있다는
긍정의 에너지가

좌절을
딛고 일어서
힘든 일을 넘는다

주체적 삶

문제의 해결은
마음이 답이다

고통을 탓하고
환경만 탓하다 보면

어느새
희망적 삶은
내 곁을 떠나 있다

인간사 만사

제2부

나라 걱정

어쩌다
나라가
이 지경이 되었는지

부정을
저질러도
눈을 감는 사람들

고국이
산산조각 나도
나만 살면 그만이니

개들 세상

개들이
모여 있는
동네는 시끄럽다

이놈도
짖어 대고
저놈도 짖어 대고

국개들
짖는 동네는
정신조차 혼미하다

악인들

살인강도
바랍바의
석방을 외치면서

예수는
십자가에
못 박게 한 유다인들

국민은
면허 정지 수준
술 취한 운전기사

집적대기

이놈도
집적대고
저놈도 집적이고

대통령 하기도
예전처럼 쉽지 않아

제 똥이
구린 줄 모르는 놈들이
더더욱 설쳐대니

멸국의 징조

화려한 드레스에
황금빛의 유모차

예쁜 아기 떠올리며
다가서는 환한 미소

아이코
개 한 마리가
아기 되어
누워 있네

거짓말

나라의
온 천지를
비바람이 후려친다

말도 많고
탈도 많은
5·18 진상 규명

떠벌이
민주화 운동은
거짓으로 도배질

전쟁터

나라가 요동치고
나라가 다 기운다

정치판은 난장판
포성 없는 전쟁터

야당은
브레이크도 없이
나라를 벼랑 끝으로 몰아

법치주의

어쩌다가
국회가
도둑놈의 소굴 되고

어찌하다
국회에
매국노가 많아졌나

아서라
나라의 법을
조몰락거리는 사람들아

화산과 휴식

화산 위에서
춤추고
화산 위에서
잠잔다는 사람들

국민들로
망해 가는
안타까운
대한민국

오늘도
개딸들 모여
피켓 들고 선동하고

민적당의 행태들

법질서를
깔아뭉개
호주머니 집어넣고

이리저리
주물러서
형체조차 짓뭉개는

민적당
떼거리들이
국민들을 다 죽인다.

간첩 행위

원자력 반대한 이유는
어디에 있었을까

공격 대상 고리발전소
플루토늄 중수로

문제의
원천 봉쇄는
북한 핵무장 간첩 행위

조작질

책임지는 일들은
국민에게 다 씌우고

정의감은 곤두박질
법 정신은 물구나무

선거가
희롱당하는
부끄럽고 참담한 민주주의

대한 해병

대한민국 해병대는
최강의 군인들

휩쓸린 행불자를
수색하다 생긴 일을

국방부
장관까지도
죄인 취급하는 탄핵당

정치인 나쁜 생각

나라의
흥망성쇠는
관심조차 희박해

기만적
인기 전술
포퓰리즘 한 건 하면

그까짓
국민들쯤이야
떡 주물기보다 더 쉬워

민주공화국

민주라는 이름으로
국민들을 기만하고

자신의 잇속만 채우는
질 나쁜 정치인들

대한의
아들딸들아
그 종자들 믿지 마라

정부의 임무

사유 재산
늘리듯
나랏빚 1,000조 만들기

나랏돈으로
옷 사 입고
퇴임한 자를 경호하는

정부는
무엇하는 곳인지
대통령은 또 뭘 할까

5·18 가짜

뽑혀진
국가 유공자가
가짜라니 사실일까

국민 세금
축을 내고
자손에겐 가산점 주고

선정은
광주시가 한다니
광주는 어둠의 고장

4·3 사건

남로당의
선동 조직에
동조자가 불어나고

전쟁 전후
생활고는
반미 사상 불을 붙여

산악의
조선 인민 유격대
무장 폭동의 비극 초래

세월 타령

간당간당
붙어 있는
애증마저 무너진다

빨간 당에
휘둘리는 바보
아니면 얼치기들

지금이
어느 때인가
아직도 세월호 타령

불감증

국민을
위해서
국민이 원해서

궁지에
몰리면
국민을 둘러대고

정치인
도덕 불감증
국민들 가랑이 찢기

제3부 인생은 하루살이

도둑놈 세상

국가의
기밀을
주적에게
넘겨도

정의 연대
빌미 삼아
공금을
횡령해도

처벌도
제대로 못하는
국민이 죽는 나라

부정 선거

투표인
수보다도
투표수가 많은 지역

부정 선거
확실하고
선명한 사실인데

현 정부
함구 사실은
이해가 안 되는 일

말로만

국힘당
조무래기
수많으면 무엇하나

애국 우파
위선 정당
말잔치로 대변하고

보수를
자처하면서
애국자들 탄압을 해

정신병자

감옥으로
가야 할
선거의 후보자들을

줄줄이
국회로
피난시켜 사면하는

국민은
부도덕 공감증
보호 감호 정신병

넝마 주의

세금을 거두어
이리 주고 저리 주고

국민은 이제 모두
거지가 다 되어 가

정치적
포퓰리즘이
국민들 병만 키워

범죄자 세상

범죄자가
득실대는
국회라는 이름이

국제적
망신살로
뻗어 가는 대한민국

청렴한
단군 자손은
어디로 다 갔는가

국개의원

우리나라
국회는
없는 게 이득이다

국민의
세금만
빨대 꽂아 빨아먹고

양곡에
바구미 같은
해악의 솜벌레실

불가마

5·18의 광주는
불가마
지옥이다

누군지도
모르는
낯설던
떼거리들

민간인
위장 전술도
복장도 다양했던 날

국민 핑계

정부나
정치인들
걸핏하면 국민 타령

국민만 앞세우면
비켜나는 무소 불통

국민은
다 구겨져서
휴지 조각 같은 신세

배반

선거가
끝나면
폐지 통에
들어가는

국민은
쓰레기 취급
한 조각의
투표용지

이름을
도둑맞고도
배반에
길들여져

모리배

민주주의
이념이
오용되고
악용되고

자각의
정신 줄은
혼미한
상태인데

단체로
공산 반역자
모리배
떼거리들

주권자

주권자인
국민이 책임을 회피하면

애당초
국민의 자격도 없는 거지

투표를
무책임하게 하니
나라 명운
위태로울 밖에

공포의 정치판

정치가
개판이면
나라는
물 건너갔다

국회는
악마의 터전
국민들을 농락하고

제 배만
빵빵히 채워
미친 듯이 짖고 있다

세상에 참

민주당이
아니라
민적당이라 불러라

역대의
정권 중에
최악의 정권이다

국민은
개만도 못해
개딸까지 설쳐대고

인좀들의 번성

나라를
갉아 먹는
인좀들이
많아졌다

세월호도
그렇고
5·18도
그렇다

국회는
공전만 해서
돌고 돌고
또 돌고

의자들

의사라는 명목으로
환자를 볼모 삼아

밥그릇 작다는 이유
병원 떠나는 잡배들

처참한
히포크라테스 정신
협박하는 의협인

외도

국정원
비자금으로
옷값을 지불하고

타지마할
구경 간다
대통령
전용기 사용

국고를
낭신한 범죄노
우물딱 쭈물딱

직사포 한 방

법원도 사라지고
검찰도 사라지고

우파 구속 좌파 석방
대법관은 동네 두목

여의도
교도소에는
방탄 투구 쩐의 전쟁

슬피 우는 두견새

언론이 기레기 되면
쓰레기장 화장지

가짜 소식 사기 뉴스
특검제도 흉기 되니

탄핵은
고물상 폐품
소쩍새 슬픈 울음

생각

생각이 굳어져
이념을 만들고

이념이 자릴 잡아
신념으로 굳히니

인생사
새옹지마가
행동 대장
명불허전

사랑의 선물

제4부

아기

초롱초롱 눈망울이
수정처럼 예쁘다

뽀오얀 살결이
우윳빛을 닮아서

상큼한 그 모습만으로도
가슴이 심쿵심쿵

사모

어머니 생각으로
마음이 설레고

어머니 생각하면
가슴이 뛰는데

어머니
그 이름만으로
목이 메는 그리움

아버지 그 이름

아버지 불러 보면
든든한 그 이름

아버지 부를수록
씩씩한 그 이름

아버지 생각만으로
힘이 나는 그 이름

존재의 인식

존재의 파악은
참 좋은 일이다

가족의 존재 남편의 존재
아내의 존재 자녀의 존재

존재의
실상을 알고
감사하는 삶을 살자

가좌산※ 연리목

소나무 벚나무가
한몸이 되어 산다

사람도 하나 되기
어려운 이 세상에

벚나무
한 팔을 뻗어
소나무를 감싸 안고

※가좌산: 경남 진주시 가좌동에 위치한 산

늙어감

늙는 것이 아니라
익어 간단 그 말은

힘 빠지고 주름진
자신을 격려하고

나이는
숫자에 불과하다는
단순한 위로일 뿐

살다 보면

어느 때
갑자기
질병도 놀러 오고

어느 순간
별안간
사고도 놀러 오고

그리고
지내다 보면
한평생이 훌쩍 다 가

기회

한번 온
기회는
놓치지 말아야

지나가면
언제 올지
아무도 몰라

준비된
마음의 자세
결단의 카이로스

기다림

기다림은
언제나 조바심 한가득

예외 없이 오늘도
가슴이 설렌다

하늘을
올려다보면
아지랑이 아롱아롱

옹이

세상살이
고통들이
상흔으로
남아서

굳은살
패인 주름
인생의
그 정점들

한평생
사람살이가
화룡점정 십자가

평범함의 소중함

굶주린 자에겐
빵을 먹는 기회

목마른 자에겐
물 마실 수 있는 순간

세상을
떠나는 이에겐
죽음 앞의 짧은 시간

경청하기

귀담아
듣는 얘기는
작은 소리도 커다랗다

마음이
덩달아 나와서
경청하는 때문이다

쓴소리
달콤한 소리
인생살이 보약처럼

욕심

장강 유수 인생은
어디로 흘러가나

구름도 바람도
미련 없이 떠나건만

명분을
쌓아서라도
족적 찍기 바쁜 인간

겸손

유혹이 끝없는 세상
허물없이 사는 건

겸손한 사람이 되어
낮춘 삶을 사는 것

사랑과 겸손한 삶이
모든 덫을 피한다

유혹

세상을 사노라면
수많은 그물과 덫

유혹은 언제나
달콤한 유인책

악마가
놓은 장애물
정신 바짝 차려야

개가 된 부모

개가 된 부모에겐
효자 효녀 줄을 서고

개가 된 자녀는
부모 사랑 듬뿍 받네

모두가
개 되는 세상
고양이도 득템 몰빵

멀고도 먼 길

머리에서 가슴까지
가파른 그 벼랑길

가깝고도 가장 먼 길
마음의 낭떠러지

가슴이
미리 알고서
두근두근 심장 방아

자연 속 이치

평범한
일상이
쌓여서
한평생

내가 사는
하루는
망자들이
꿈꾸던 하루

허망한
인생일지나
성심껏 잘살아야

허망함

삶이란
한순간도
변하지 않는 건 없다

한밤을
자고 나면
어제는 간 곳 없고

오늘은
또 다른 하루
내일을 바라고 선다

주행길

곧은 길만
달리면
재미없는 주행길

굽은 길
가다 보면
인생살이 곡돌사신

지혜는
내 곁에 있어
깨우침에 안전운행

제5부 여인의 꽃밭

늪

우물도 아니고
옹달샘도 아니다

바다를 닮았지만
더더욱 아니다

늪이라 부르는 것이
그럴 듯한 표현이다.

밀림

아무나 갈 수 없는
밀림 속 늪에는

무엇이 살고 있는지
아무도 모른다

어쩌면 미꾸리들이
떼 지어 살지도 몰라

신천지

언제나 신비한 곳
튼튼한 두 기둥 사이

사람들은 그곳을
신천지라 부르지

고개가 뻣뻣한 놈들은
맥이 풀려 돌아와

골짜기

신전의 기둥을
천으로 감싸고

본인만이 알고 있는
깊은 계곡 그곳에는

절친한 친구조차도
함부로 못 들어가

삼각지

삼각지 로터리
토성으로 둘려 있는

수풀이 은폐한
은밀한 그 공간

밀림의 왕자조차도
진입하기 어려워

탐심의 샘

새 세상 새 나라
새 터전 새 이름

신만이 알고 있는
가깝고도 먼 나라

새 생명이 발돋움하는
탐심의 샘 신세계

온천수

돌쇠도 강쇠도
흐물흐물 무너지는

온천수 정갈한 물
성분도 미궁인

야릇한
전율과 함께
온몸이 흠씬 젖어

광한루

춘향이 이도령과
함께 놀던 광한루 그곳

황진이와 벽계수가
같이 있던 신선지

하와가
아담을 꾀던
유혹의 그 선악과

소갈증

아담도 외로웠고
하와도 외로웠다

외로움도 병이라서
치료가 필요하다

간절 곳
물만 먹어도
소갈증은 사라져

굴렁쇠

하늘이 내려와
포근히 안긴 자리

탐심이 지나치면
늪에 빠져 못 나와

욕망의
굴렁쇠 놀이
지구 바퀴 하늘 바퀴

성지

생명의 정화수가
샘물처럼 솟구친다

하느님도 부처님도
축복하신 그 성지

오늘도
수많은 종족이
탄생하는 신천지

맨발 걷기

민둥산 올라보면
맨발 걷기 좋은 곳

정상에 올라서
좁은 계곡 바라보면

미래의
꿈나무들이
무성하게 자라날 터전

연못

여인의 뜰
주변의
향그러운 꽃밭에는

성전 기둥 사이로
아름다운 연못 풍경

골짜기
양쪽 산맥으로
흐르는 실개천

신선지 전복

도툼한 입술처럼
살점이 도드라진

양 산맥 중심으로
깊은 계곡 낭떠러지

수많은
탐험가들이
선호하는 신선지

가뭄

성수기와 우기엔
물이 넘쳐 났지만

가물고 건조해지니
계곡이 자주 말라

자연의
순리대로니
무엇을 탓하랴

남자의 정원

제6부

책임감

남성을 깨우면
그는 늘 일어선다

본연의 임무에
충실한 얼굴로

막연한
책임감 앞에서
꼿꼿한 자세로

기둥

신전 기둥 가운데
튼실한 망두석

외로이 홀로 서서
몸 가누기 바쁘다

그늘막
어둠 속에서
빛바라기 꿈꾸며

일상

지퍼를 열고서
수시로 드나들며

숨쉬기 체조하기
항상 바쁜 일상에도

기지개
크게 켜면서
가쁜 숨 몰아쉬어

하늘바라기

꽃밭을 바라보는
시간들을 기대하며

깜깜한 트렁크에
숨죽이고 누워서

파아란
하늘바라기
희망의 해돋이

분화구

지평선 저 너머엔
무엇이 있을까

언제나 먼 곳에는
안개 같은 산람이

꼭대기
민둥산 끝자락에
분화구가 보인다

대포

상대를 향한 대포
포문을 열어 두고

기회를 염탐하며
휘장을 걷어붙여

목표물
등성이 너머
호수를 바라본다

포문

하루 종일 보채며
잠들지 않는 날은

쉬어라 잠 좀 자라
몇 번이든 달래다

성문을
활짝 열치고
포문은 하늘을 봐

수영

숲속을 걷는 것도
참 좋은 일이고

호수에서의 수영은
환희의 시간이다

수풀의
한가운데서
큰 호수를 누빈다

문어 머리

미륵의 꿈을 꾸며
사바세계 염탐하다

남아 선호 돌부처의
큰 코를 문질문질

까까중
문어 머리 같은
망주석 끝머리

묵상

신전을 들어서면
엄숙한 분위기에

두 무릎 자연스레
꿇어서 좌정하고

한동안
침묵 가운데
묵상 세계 침잠한다

표정

눕거나 서거나
한 자리를 고수하며

상황에 따라서
표정이 달라지는

하나가
천의 얼굴로
천태만상 인간 모습

용마루

굳건한 정신으로
하늘 향한 얼굴은

두 볼이 상기되어
윤이 나는 빛난 모습

세상에
부러울 것 없는
활기찬
하루 일과

공이

바람 빠진 풍선처럼
축 처졌던 몸뚱아리

전신에 기운이 돌아
호흡으로 가득 차면

우주선
달나라 가듯
항로 열고 내달림질

천상의 꿈

포신에 달린 자루
늘어뜨린 몸뚱아리

혹부리 영감같이
무게 실린 외신 한 쌍

수림 속
고즈넉이 누워
천상의 꿈을 꾼다

발포 명령

전진하고 후퇴하고
좌로 돌고 우로 돌고

노리쇠 장전하고
결전의 임전무퇴

목표물
사거리 측정
발포 명령 방사포

남녀 선호도 1위

언제나
서 있는 남자

언제나
속 좁은 여자

그들의 선택은
이성의 선호도 일위

남녀를
불문하고서
잠자리는 같은 생각

작은 소리 큰 울림

발행 I 2024년 11월 27일
지은이 I 리창근
펴낸이 I 김명덕
펴낸곳 I 한강출판사
홈페이지 I www.mhspace.co.kr
등록 I 1988년 1월 15일(제8-39호)
주소 I 서울특별시 종로구 인사동11길 16, 303호(관훈동)
전화 02) 735-4257, 734-4283   팩스 02) 739-4285

값 12,000원

ISBN 978-89-5794-575-9 04810
      978-89-88440-00-1 (세트)

※ 저자와의 협약에 의해 인지는 생략합니다.
※ 잘못된 책은 바꾸어 드립니다.
※ 이 책은 산청군 문화체육과로부터 발간비 일부를 보조 받았습니다.